아이를 향한 부모의 바람, 세상을 향한 아이의 꿈, 천개의바람은 그 소중한 마음이 담긴 책을 만듭니다.

바람 그림책 98 왜, 먼저 물어보지 않니?

다른 사람과의 관계에서 지켜야 할 경계가 있다는 걸 알고, 그 경계가 침해되었을 때
올바른 방법으로 해결할 수 있는 건강한 아이가 되길 바라는 마음을 담았습니다.

글 이현혜

가족학, 상담심리학, 사회복지학을 공부하였고, 가족학으로 박사 학위를 받았습니다.
여성가족부 산하 한국양성평등교육진흥원 교수로 재직했으며,
여성가족부, 법무부 자문위원 및 교육부 성폭력 예방교육 집필위원으로 활동하였습니다.
서울시 여성폭력방지위원회 위원, 한국성폭력 위기센터 이사, 서울고등검찰청 양성평등심의위원,
1366 서울센터 운영위원 등 아동 및 여성의 권익 보장을 위한 활동을 활발하게 하고 있습니다.
〈좋아서 껴안았는데 왜?〉,〈부모, 교사가 알아야 할 아동 성폭력 예방 실천 매뉴얼〉,
〈새로 보는 결혼과 가족〉(공저) 등 아동, 여성, 장애인에 관한 다수의 책을 집필하고 관련 연구를 진행했습니다.

그림 김주리

홍익대학교에서 섬유미술패션디자인과를 졸업하고 힐스에서 일러스트레이션을 공부한 후
어린이 그림책에 그림을 그려 왔습니다.
그린 책으로는 〈가마솥과 뚝배기에 담긴 우리 음식 이야기〉,〈마루와 온돌이랑 신기한 한옥 이야기〉,
〈꿈틀꿈틀 흙이 있어요〉,〈심청전〉,〈셧다운〉,〈출동! 우리 반 디지털 성범죄 수사대〉 등이 있습니다.

왜, 먼저 물어보지 않니? 경상북도교육청 청도도서관 사서추천도서

펴낸날 초판 1쇄 2020년 9월 10일 | 초판 11쇄 2025년 5월 21일
글 이현혜 | 그림 김주리 | 편집 신혜영 | 디자인 손미선 | 홍보마케팅 이귀애 이민정 | 관리 최지은 강민정
펴낸이 최진 | 펴낸곳 천개의바람 | 등록 제406-2011-000013호 | 주소 서울시 영등포구 양평로 157, 1406호
전화 02-6953-5243(영업), 070-4837-0995(편집) | 팩스 031-622-9413
ⓒ 이현혜 · 김주리, 2020 | ISBN 979-11-6573-080-2 77370

* 이 책은 저작권법에 따라 보호받는 저작물이므로 무단전재와 무단복제를 금지하며,
  이 책 내용의 전부 또는 일부를 이용하려면 반드시 저작권자와 천개의바람의 서면 동의를 받아야 합니다.

이 도서의 국립중앙도서관 출판시도서목록(CIP)은 서지정보유통지원시스템 홈페이지(http://seoji.nl.go.kr)와
국가자료공동목록시스템(http://www.nl.go.kr/kolisnet)에서 이용하실 수 있습니다. (CIP 제어번호: CIP2020036085)

＊잘못 만든 책은 구입하신 서점에서 바꾸어 드립니다. 천개의바람은 환경을 위해 콩기름 잉크를 사용합니다.
＊종이에 베이거나 긁히지 않도록 조심하세요. 책 모서리가 날카로우니 던지거나 떨어뜨리지 마세요.

제조자 천개의바람 **제조국** 대한민국 **사용연령** 5세 이상

왜, 먼저 물어보지 않니?

이현혜 글 | 김주리 그림

민준이가 가벼운 발걸음으로 등교 중이었어요.
형진이가 반대편에서 달려오더니,
"어?" 하고는 민준이 신발을 꽉 밟았어요.
민준이의 얼굴이 새빨개졌어요.
"뭐야? 여자애처럼 우는 거야?"
형진이는 민준이를 놀리며 교실로 도망갔어요.

경계 존중

수업이 시작되자 선생님은 칠판에 '경계 존중'이라고 썼어요.
그 사이 미연이와 현우가 티격태격 다투는 소리가 들렸어요.
현우가 몰래 미연이의 숙제를 훔쳐봤거든요.
선생님은 미연이와 현우를 보며 말했어요.
"경계 존중은 서로 간에 지켜야 할 예절 같은 거예요."

너, 왜 몰래
내 숙제 봤어?

추석날, 서준이네 집에 친척들이 모였어요.
서준이는 맛있는 음식도 먹고, 친척들과 놀 생각에 들떴어요.
그런데 갑자기 서준이 얼굴이 일그러졌어요.
"아이구, 내 새끼. 언제 이리 컸누!"
할아버지, 할머니가 서준이를 껴안고
얼굴에 막 뽀뽀를 했거든요.

가끔은 엄마랑 아빠가 억지로 시키기도 했어요.
서준이는 어쩔 수 없이 할아버지, 할머니께 뽀뽀했어요.
왜 어른들은 서준이의 마음을 모르는 걸까요?

서준이는 할아버지, 할머니가 안아 주시는 게
매번 싫은 건 아니에요.
서준이가 아플 때 할머니께서 꼭 안아 주셨는데
포근해서 병이 싹 낫는 것 같았어요.

이처럼 가장 가깝고 친한 가족 간에도 경계가 있고,
그 경계가 존중되어야 한다는 걸 모두 알아야 해요.

수지와 민호는 유치원 때부터 친한 친구예요.
수지는 민호를 보면 반가워서 손을 잡거나 팔짱을 꼈어요.
가끔 어릴 적 별명을 부르기도 했어요.
민호는 그럴 때마다 당황스러웠어요.
하지만 수지는 친하니까 괜찮다고 생각했어요.

민호가 가만히 있는다고 해서 괜찮은 건 아니에요.
친한 친구 사이라도 마음대로 행동해서는 안 돼요.
수지가 친하다고 한 행동이 민호는 기분 나쁠 수 있어요.
친구 사이에서 자신의 경계를 존중 받으려면,
먼저 친구의 경계를 존중해야 해요.

수지처럼 친구가 싫어하는 말이나 행동을 해서는 안 돼요.
처음에는 '괜찮아.'라고 말해도 나중에 기분이 나빠질 수 있어요.
친구가 예전에 좋다고 말했어도 항상 괜찮은 건 아니에요.
그래서 괜찮은지 친구에게 다시 물어봐야 해요.

민기와 선우는 같은 아파트에 사는 형과 동생이에요.
둘은 가끔씩 수업이 끝난 뒤에 함께 축구를 하곤 했어요.
선우는 또래보다 키도 작고 몸집도 작아요.
민기는 여자애 같다며 선우를 놀리고 마음대로 어깨를 주물렀어요.
선우가 싫다고 해도 민기는 깔깔대며 더 장난쳤어요.
"야, 남자가 고작 그런 일로 우냐. 여자애 같기는!"
선우가 울먹이자, 민기는 더 심하게 놀렸어요.

다음날, 민기와 선우는 아파트 놀이터에서 만났어요.
민기는 선우에게 재미있는 걸 보여 주겠다며 휴대 전화를 꺼냈어요.
휴대 전화에는 민기가 몰래 찍은 친구들 사진이 여러 장 있었어요.
선우는 친구들이 알면 기분 나쁠 거라고 말했어요.
선우는 정말 어떻게 해야 할지 몰라 당황했어요.

경계 침해

> 방금 들려준 서준이, 민호, 선우 이야기는 모두 '경계 침해'에 대한 거예요.

선생님은 칠판 글씨를 '경계 침해'라고 바꿔 쓰고 설명했어요.
경계 침해는 상대방의 허락 없이 마음대로 하는 행동들이에요.
모르는 사람은 물론이고 가족 사이에도, 친구 사이에도,
친한 오빠나 언니, 형이나 누나 사이에도 일어날 수 있어요.
경계 침해는 장난과는 달라요.
장난은 하는 사람도 당한 사람도 서로 즐겁고 재미있지만,
경계 침해는 당한 사람이 전혀 즐겁지 않아요.
경계를 침해 당하면 화가 나고 속상하고 기분이 나빠요.
심하면 수치스러운 마음이 들기도 해요.

경계 침해는 주로 힘이 있는 사람이
힘이 약한 사람에게 행하는 경우가 많아요.
그래서 경계 침해가 일어날 때 상대방에게
하지 말라고 말하기가 어려워요.
선우가 민기 형에게 '싫어, 하지 마.'라고 말할 때
정말 큰 용기가 필요했을 거예요.
경계 침해는 혼자서 해결하기 어려우니
어른에게 도움을 요청하는 게 좋아요.

또 다른 방법은 친구들이 함께 나서서
괴롭힘을 당하는 친구를 도와주는 거예요.
혼자서는 어렵지만 함께하면 해결할 수 있어요.

경계 침해를 입은 사람은 당황스럽고 두려워서
말을 못할 수도 있어요. 그게 잘못은 아니에요.
상대방에게 묻지 않고 경계를 침해한 사람이 잘못이에요.
상대방이 싫다고 하면 바로 멈추고 사과해야 해요.
진심으로 미안한 마음을 담아 사과하는 게 중요해요.

남자도 속상하면 울 수 있어요.
'남자는 이래야지.' '여자는 이래야지.'라고 생각하고 말하는 걸
남성과 여성에 대한 고정관념이라고 해요.

분홍색 티셔츠를 좋아하는데,
입으면 친구들이 여자애 같다고 놀렸어요.

종우랑
팔씨름을 해서 이겼는데,
여자애가 힘만 세다고
말해서 속상했어요.

이런 고정관념을 가지고 다른 사람을 놀리거나
무시하는 행동을 '성차별'이라고 해요.
남성과 여성에 대한 고정관념을 갖거나
성차별을 하는 것도 모두 '경계 침해'랍니다.

하굣길에 운동장에서 형진이는 민준이를 만났어요.
"저기…, 형진아. 운동화 밟은 거 사과해 줄래?"
민준이의 갑작스런 말에 형진이는 깜짝 놀랐어요.
슬쩍 고개를 숙여 땅을 한번 보더니 말을 했어요.
"마음대로 행동해서 미안해. 앞으로는 조심할게."
쭈뼛거리면서 사과하는 형진이를 보고 민준이가 웃었어요.
"형진아, 우리 집에 놀러 갈래?"

더 알아보기

경계 존중과 경계 침해

사람과 사람 사이에는 친한 정도에 따라 개인 간에 지켜야 하는
사적 영역이 있어요. 이를 '경계'라고 하며, 건강한 관계를
맺기 위해서는 서로의 경계를 존중해야 해요.
경계 존중은 가정, 학교, 어디에서나 필요해요.
'경계 존중 교육'은 상대방에 대한 존중과 배려의 중요성을 배우고,
자신과 상대방의 인권을 존중하는 거예요.
여러분도 자신의 행동에 대한 결정권을 가진다는 것과 동시에,
스스로 주체성을 가진 존재라는 것을 아는 것이 중요해요.
그럼 경계를 존중하는 멋진 사람이 되기 위한 실천 방법을 알아볼까요?

경계 정도에 따라 주변 사람들을 나눠 보아요.

여러분의 주변 사람들을 떠올려 보세요. 한 번 만난 사람, 자주 만나는 사람, 매일 만나는 사람 등을 나눠 보고 색깔 별로 해당되는 사람을 생각해 보세요.

손을 흔들어 인사하는 정도의 사람은?

악수할 수 있는 정도의 사람은?

가볍게 안거나, 일상적인 이야기를 나눌 수 있는 사람은?

껴안거나, 마음 속 이야기를 나눌 수 있는 사람은?

경계 침해에는 어떤 종류가 있는지 알아보아요.

경계는 크게 물리적, 신체적, 시각적, 언어·정서적 경계로 구분되어요.
각 경계 별로 어떻게 침해되는지 구체적인 사례를 알아보아요.

물리적 경계 침해

- 상대방의 물건 빼앗기
- 노크도 하지 않고 문을 벌컥 열기
- 상대방의 물건(휴대 전화, 학용품, 체육복, 책 등)을 빼앗기
- 동의 없이 상대방의 물건(휴대 전화, 학용품, 책 등)을 가져와서 보기

신체적 경계 침해

- 꼬집거나 깨물기
- 머리카락 잡아당기기
- 친근감을 표현한다고 주먹으로 치거나 발로 차기
- 어깨 주무르기, 엉덩이 툭툭 치기 등 원치 않는데 몸 만지기

시각적 경계 침해

- 친구의 몸 몰래 엿보기
- 자신의 몸을 일방적으로 보여 주기
- 일방적으로 음란물(사진, 그림, 만화, 낙서 등) 보여 주기
- 인터넷이나 SNS에 허락 받지 않고 사진이나 동영상 올리기

언어·정서적 경계 침해

- 비난하기, 무시하기
- 비웃기, 깔보기, 놀리기, 창피함 주기
- 소리 지르기, 위협하기
- 계속 전화하기, 상대방이 뭐 하는지 계속 물어보기
- 무작정 찾아오기, 싫다고 하는데도 상대방 따라다니기

일상생활에서 경계를 존중하는 방법을 알아보아요.

일상생활 속에서 경계를 존중하는 게 중요해요. 가정에서, 학교에서 또 인터넷이나 휴대 전화를 사용할 때 경계를 존중하는 방법은 무엇인지 알아보아요.

 가정에서 지켜야 할 경계 존중

- 언니(형), 동생의 옷이나 물건을 동의 없이 사용하지 않는다.
- 사용하기 전에 반드시 허락을 구한다.
- 노크를 하고 방문을 연다.
- 머리나 엉덩이를 툭툭 치지 않는다.
- 문을 닫고 속옷이나 옷을 갈아입는다.

 학교에서 지켜야 할 경계 존중

- 친구에게 욕을 하지 않는다.
- 친구를 무시하거나 놀리지 않는다.
- 친구의 물건을 동의 없이 가져가거나 빼앗지 않는다.
- 친근감을 표현한다고 친구를 주먹으로 툭툭 치지 않는다.

 인터넷 사용 시 지켜야 할 경계 존중

- 모르는 사람에게 자신의 사진을 보내지 않는다.
- 자신의 이름, 학교 명 등 개인 정보를 알려주지 않는다.
- 인터넷 상에서 상대방에게 욕을 하지 않는다.

 휴대 전화 사용 시 지켜야 할 경계 존중

- 사진을 찍고 싶을 때는 상대방의 동의를 먼저 구한다.
- 친구 허락 없이 친구 사진을 다른 친구에게 전달하지 않는다.
- 친구 휴대 전화를 마음대로 가져가서 보지 않는다.
- 상대방의 동의 없이 사진이나 동영상을 SNS에 올리지 않는다.